BEI GRIN MACHT SICH IHR WISSEN BEZAHLT

- Wir veröffentlichen Ihre Hausarbeit, Bachelor- und Masterarbeit

- Ihr eigenes eBook und Buch - weltweit in allen wichtigen Shops

- Verdienen Sie an jedem Verkauf

Jetzt bei www.GRIN.com hochladen und kostenlos publizieren

Bibliografische Information der Deutschen Nationalbibliothek:

Die Deutsche Bibliothek verzeichnet diese Publikation in der Deutschen Nationalbibliografie; detaillierte bibliografische Daten sind im Internet über http://dnb.d-nb.de/ abrufbar.

Dieses Werk sowie alle darin enthaltenen einzelnen Beiträge und Abbildungen sind urheberrechtlich geschützt. Jede Verwertung, die nicht ausdrücklich vom Urheberrechtsschutz zugelassen ist, bedarf der vorherigen Zustimmung des Verlages. Das gilt insbesondere für Vervielfältigungen, Bearbeitungen, Übersetzungen, Mikroverfilmungen, Auswertungen durch Datenbanken und für die Einspeicherung und Verarbeitung in elektronische Systeme. Alle Rechte, auch die des auszugsweisen Nachdrucks, der fotomechanischen Wiedergabe (einschließlich Mikrokopie) sowie der Auswertung durch Datenbanken oder ähnliche Einrichtungen, vorbehalten.

Impressum:

Copyright © 2007 GRIN Verlag, Open Publishing GmbH
Druck und Bindung: Books on Demand GmbH, Norderstedt Germany
ISBN: 9783668473980

Dieses Buch bei GRIN:

http://www.grin.com/de/e-book/369072/wissensmanagement-ein-ueberblick-ueber-grundlagen-und-bereiche

Anonym

Wissensmanagement. Ein Überblick über Grundlagen und Bereiche

GRIN Verlag

GRIN - Your knowledge has value

Der GRIN Verlag publiziert seit 1998 wissenschaftliche Arbeiten von Studenten, Hochschullehrern und anderen Akademikern als eBook und gedrucktes Buch. Die Verlagswebsite www.grin.com ist die ideale Plattform zur Veröffentlichung von Hausarbeiten, Abschlussarbeiten, wissenschaftlichen Aufsätzen, Dissertationen und Fachbüchern.

Besuchen Sie uns im Internet:

http://www.grin.com/

http://www.facebook.com/grincom

http://www.twitter.com/grin_com

Wissensmanagement

Inhaltsverzeichnis

1. Einleitung 2
2. Grundlagen des Wissensmanagements: 2
3. Personenbezogenes Wissensmanagement 6
3.1. Erwachsenenbildung im Wissensmanagement 8
4. Konzepte des Wissensmanagements 9
5. Technik- und medienbezogenes Wissensmanagement: 11
6. Schlussfolgerung 16
7. Literaturverzeichnisse: 17

1. Einleitung

Das Wissen gibt es nicht nur in allen Wissenschaften, sondern auch in allen Berufen und in allen Alltagssituationen. Wenn das Wissen auch noch „gemanagt" werden soll, gibt es dazu bestimmte Rahmenbedingungen, Verwendungszusammenhänge und die Modalitäten von Wissenserwerb, Wissensaustausch und Wissensnutzung in den unterschiedlichsten Handlungsfeldern. Wissen ist dabei ein zentraler und wesentlicher Bestandteil der Bildung. Man erwirbt es durch Lernen, wodurch bildende Effekte ausgelöst werden sollen. Bei Pädagogen kann diese Aufgabe nur auf Dauer erfolgreich wirken, wenn diese ihr professionales Wissen weiterentwickeln.

Ziel dieser Hausarbeit ist es, einen umfassenden Überblick über das komplexe, umfangreiche Thema „Wissensmanagement" zu geben.

Die Arbeit gliedert sich in fünf Teile und soll in einzelnen Schritten die Themen von Wissensmanagement vermitteln. Im ersten Teil werden die Grundlagen des Wissensmanagement erklärt. Der zweite Teil beschäftigt sich mit personenbezogenem Wissensmanagement, für welches die Erwachsenenbildung Beiträge leistet. Darauf folgend werden die Konzepte des Wissensmanagement aus der Sicht der Unternehmen mit verschiedenen Ansätzen bearbeitet. Zum Schluss wird auf technik- und medienbezogenes Wissensmanagement eingegangen, für welches die Informations- und Kommunikations-Infrastrukturen ihre Beiträge leisten.

2. Grundlagen des Wissensmanagements:

Für den Begriff des Wissensmanagements gibt es eine große Vielfalt an Interpretationen, von denen sich bisher keine vollends in Theorie und Praxis durchgesetzt hat.

• Welche Ziele sollen mit dem Management von Wissen erreicht werden?

• Welche Instrumente können für das Management von Wissen eingesetzt werden?

Inhalt und Umfang der Betrachtung von Wissensmanagement-Aktivitäten stellen eine Möglichkeit dar, wie man Wissensmanagement-Ansätze beurteilen und vergleichen kann.

Aktivitäten sind handlungsorientiert und beschreiben, was mit der Ressource „Wissen" im Rahmen des Wissensmanagement gemacht werden kann. Die Inhalte der Aktivitäten lassen sich erkennen, indem Wissensmanagement als Prozess betrachtet wird. Zum Detailgrad und

Inhalten der ersten Gliederungsebene gibt es in der Literatur jedoch sehr unterschiedliche Auffassungen. Ein bezüglich der Teilschritte ebenfalls sehr umfassendes und allgemeingültiges Modell haben Probst et al. (vgl. Probst et al. 99, S. 53 ff.) vorgelegt. Sie bezeichnen die Aktivitäten als Bausteine oder auch Kernprozesse des Wissensmanagement. Da es eine weitgehende Beachtung in der Forschung fand, soll es nachfolgend beispielhaft und stellvertretend für die anderen Modelle beschrieben werden (vgl. Abb.1.)

Das Modell:

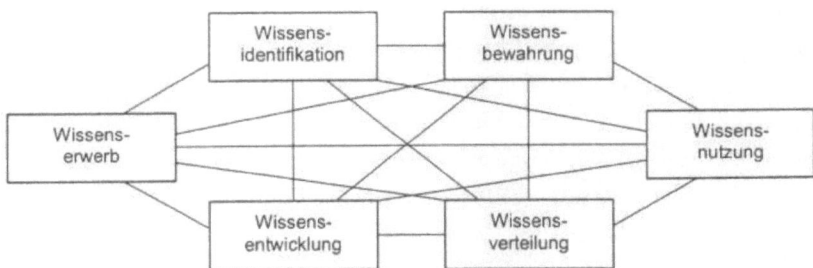

Kernprozesse des Wissensmanagements nach Probst et al.

Im Folgenden soll die oben dargestellte Tabelle erläutert werden:

1. <u>Wissensidentifikation</u>: Ziel ist es, mittels geeigneter Suchmaschinen eine hohe Transparenz bzgl. des vorhandenen externen und internen Wissens zu schaffen.

2. <u>Wissenserwerb</u>: Ziel ist es, Wissen aus Effizienz- und Effektivitätsgründen von unternehmensexternen Quellen zu akquirieren.

3. <u>Wissensentwicklung</u>: Ziel ist es, innerhalb des Unternehmens neues Wissen aufzubauen bzw. zu generieren oder zu produzieren.

4. <u>Wissensverteilung</u>: Ziel ist es, internes Wissen zur richtigen Zeit an den richtigen Ort bzw. die richtige Person weiterzugeben.

5. <u>Wissensnutzung</u>: Ziel ist es, das Wissen im Unternehmen nutzbringend, d.h. zur Optimierung der Wertschöpfung, anzuwenden.

6. **Wissensbewahrung**: Ziel ist es, Wissensverluste zu vermeiden und das Wissen für eine spätere Nutzung zu konservieren (vgl. Heckert, 2001. S. 30).

Die im Modell dargestellte Vernetzung der Schritte deutet bereits an, dass Wissensmanagement durch eine hohe Komplexität gekennzeichnet ist.
So sind z.B. die Methoden der Wissensverteilung eng mit denen des Erwerbs verbunden und die Identifikation des Wissens scheint Voraussetzungen für beide zu sein. Von einer Vielzahl von Autoren wurde daher die nachfolgend dargestellte und in der vorliegenden Arbeit verwendete Aggregation vorgenommen:
Wissensmanagement besteht aus drei Hauptaktivitäten: Aufbau, Verfügbarmachung und Anwendung von Wissen, welche in Form einer generischen Prozessfolge darstellbar sind. Wissen wird demnach zuerst aufgebaut, dann wird es, z.B. für die Mitarbeiter, verfügbar gemacht, und im letzten Schritt wird es durch einzelne Personen oder Gruppen genutzt. Die restlichen Schritte hingegen (z.B. Identifizierung, Bewahrung) stellen Teile bzw. Subaktivitäten der drei Hauptaktivitäten dar.
Wissensmanagement umfasst dabei den Einsatz von Instrumenten der Organisation sowie Informations- und Kommunikationstechnologie für ein gezieltes Aufbauen, Verfügbarmachen und Anwenden von Wissen zum Erreichen wohldefinierter Prozess- und Unternehmensziele. Mit dieser Definition soll ausgedrückt werden, dass Wissensmanagement als ein integrierter Ansatz verstanden wird, der letztlich dem Erreichen betriebswirtschaftlicher Ziele dient.
Die Tatsache, dass Wissen sowohl in die Unternehmensprodukte als auch in die Unternehmensprozesse und -funktionen einfließt, erklärt zugleich, dass eine auf die jeweiligen Anforderungen abgestimmte Wissensbasis einen wesentlichen Erfolgsfaktor für Unternehmen bildet.
Für den aktuellen Erfolg eines Unternehmens sind die Kosten der Leistungserstellung, die Qualität der Leistungen und der Zeitfaktor von großer Bedeutung. Dieses magische Dreieck übt auf die verfügbare Wissensbasis eines Unternehmens einen deutlichen Einfluss aus. Man kann die Kosten der Leistungserstellung durch einen gezielten Wissenseinsatz senken, indem Erkenntnisse über neue kostensparende Fertigungsmethoden benutzt, unnötige Aufwendungen vermieden und bereits vorhandene Wissensergebnisse mehrfach verwendet werden. Es verbessert sich mit höherem Wissensstand oft auch die Qualität von Managemententscheidungen, was gegebenenfalls weitere Kostensenkungen begünstigt.

Die Kostenvorteile können wiederum in höhere Deckungsbeiträge oder in Preisvorteile am Markt umgesetzt werden. Wenn das Wissen umfassender und aktueller ist, können damit in der Regel auch qualitativ höherwertige Produkte entwickelt werden. Hinzu kommt, dass ein dem Kunden angebotener wissensbasierter Zusatznutzen (wie in Form von Beratung) immer öfter wettbewerbsentscheidend wirkt.

Schließlich lässt sich durch einen gezielten Wissenseinsatz die für Produktionsentwicklung, Vermarktung etc. benötigte Zeit verkürzen, in dem zum Beispiel geeignete Methoden ausgewählt, Suchzeiten verringert und Doppelarbeiten vermieden werden.

Die Flexibilität eines Unternehmens hängt stark von ihrem vorhandenen Wissen, und die dadurch gegebenen Handlungsmöglichkeiten sowie durch die Lernfähigkeit, also die Fähigkeit der Anpassung der eigenen Wissensressourcen an neue Anforderungen und veränderte Rahmenbedingungen, ab.

Es ist festzuhalten, dass jedes Unternehmen über ihre eigene Wissensbasis verfügt. Die eigene Wissensbasis ist gekennzeichnet durch die Art und den Umfang des in ihr enthaltenen Wissens, durch die Art und Anzahl der Wissensträger sowie der Wissensverfügbarkeit und ihrer Dynamik. Das verfügbare Wissen wird in unterschiedlichsten Unternehmensprozessen und Unternehmensfunktionen benutzt. Für Unternehmen ist es wichtig, die Ressource Wissen gezielt aufzubauen und im Hinblick auf den Unternehmensprozess einzubringen. Es wurde bereits mit zahlreichen Studien gezeigt, dass derzeit die Mehrzahl aller Unternehmen nur einen Bruchteil des ihnen prinzipiell zur Verfügung stehenden Wissens tatsächlich benutzt, obwohl durch einen zielgerichteten Einsatz dieses Wissens deutliche Produktivitätssteigerungen und/oder Kostensenkungen möglich sind (vgl. Amelingmeyer, 2000. S.20).

Man kann hierbei vor allem zwei Ziele des Wissensmanagements für Unternehmen erkennen. Es geht zum einen darum das Wissen in der erforderlichen Menge und Qualität zum richtigen Zeitpunkt am richtigen Ort in effektiver und effizienter Weise verfügbar zu machen und auf diese Weise zum Unternehmenserfolg beizutragen. Zum anderen gilt es, die zukünftige Entwicklungsfähigkeit der Unternehmen durch eine entsprechende Dynamik der Wissensbasis sicherzustellen.

3. Personenbezogenes Wissensmanagement

In Unternehmen werden Personen als Träger von Wissen in den unterschiedlichen Bereichen, Hierarchieebenen und Funktionen angenommen, beispielsweise als Arbeiter in einer Organisation, als Planer im Marketing oder als Mitglied einer Unternehmensführung. Da Personen besondere Eigenschaften bei der Erzeugung und Anwendung von Wissen haben, spielen sie eine besondere Rolle im Wissensmanagement.

Bei der Betrachtung des Wissens personeller Wissensträger ist die in der Qualifikationsforschung gebräuchliche Unterscheidung von Fach-, Methoden-, Sozial-, Persönlichkeitskompetenz interessant. Fachkompetenz entspricht weitgehend dem berufsspezifischen Wissen der jeweiligen Person, welches zu einem großen Teil kognitiven Charakter hat, während Methodenkompetenz im Wesentlichen situations- und fachübergreifende Fähigkeiten umfasst. Die Sozialkompetenz und die Persönlichkeitskompetenz umfassen z.B. die Teamfähigkeit bzw. persönlichkeitsbezogenen Eigenschaften einer Person. Wenn diese verschiedenen Kompetenzen zusammenwirken, entsteht die Handlungskompetenz. Dies wird dadurch unterstrichen, dass personelle Wissensträger im Gegensatz zu den anderen Wissensträgern auch über Übersetzungs-, Ergänzungs- sowie Kontroll- und Korrekturwissen verfügen (vgl. Amelingmeyer, 2000. S. 54).

Die konkrete Ausprägung des Wissens einer Person lässt sich auf verschiedene Faktoren zuweisen. Hierzu gehören die Ausbildung, die bisherigen Erfahrungen sowie der jeweilige Aufgabenbereich im Unternehmen, der sowohl durch die fachlichen Anforderungen als auch durch die Positionen innerhalb der Hierarchie charakterisiert wird. Für eine wissensrelevante Persönlichkeit gilt es, Merkmale wie Selbstsicherheit, Extraversion, Initiative, Willenskraft und Kreativität zu entwickeln. Darüber hinaus wirkt auch eine effektive motivationale Komponente auf den Umgang der personalen Wissensträger. Wie bereits einführend erläutert, werden personelle Wissensträger eines Unternehmens als eigene Mitarbeiter, Mitarbeiter von Fremdfirmen oder Selbständige angesehen. Die personellen Wissensträger stellen ihre Wissenskompetenz gegen Entgelt zur Verfügung. Sie sind meist auch in der Lage, dieses Wissen an einen anderen Ort und in ein anderes Unternehmen mitzunehmen.

Wissen ist primär und zentral an die mentalen Systeme von Personen gebunden.

Um das Wissen anderer zu managen oder andere dazu bringen, ihr eigenes Wissen zu managen, bedarf es grundlegender Kenntnisse darüber, wie es beim Menschen zum Aufbau von Wissen kommt und was dabei förderlich ist. Wissen ist das Ergebnis eines Lernprozesses, der aus den drei Phasen „Informationsaufnahme", „Informationsverarbeitung" und „Informationsspeicherung" besteht. Zur Informationsaufnahme zählen alle kognitiven Prozesse, die von der Wahrnehmung eines Reizes bis zu seiner Übernahme ins Kurzzeitgedächtnis reichen. Bei der ersten Aufnahme eines Reizes in das sensorische Register muss zwischen reaktiver Informationsaufnahme und aktiver Informationssuche unterschieden werden. Wenn diese Aktivierung mit Erfolg absolviert werden soll, muss sie die Reize enthalten, die für den lernenden emotional positiv besetzt sind, oder sie muss angeborene Reaktionen hervorrufen. Ein solches „Anstoßen der Informationsaufnahme" nennt man extrinsische Motivation. Von intrinsischer Motivation spricht man dagegen, wenn jemand aktiv, innengesteuert, selbst- und sachbezogen mit Interesse, Neugier, Spaß und Freude am Vollzug bestimmter Handlungen an eine Sache herangeht. Am Beginn der Informationsverarbeitung stehen die Bewusstwerdung der Wahrnehmung und der Versuch, sie zu verstehen. Das lernende Subjekt kategorisiert die Informationen, stellt etwas fest und folgert etwas. Wenn das dann nicht oder nur teilweise seinen Erwartungen entspricht, entwickelt sich der Weiterbildungsprozess nicht intensiv weiter. Soll der Informationenprozess von außen gesteuert werden, so ist der enge Zusammenhang der Wahrnehmung mit Emotionen/Einstellungen des Menschen zu berücksichtigen. Die Informationsspeicherung beginnt bereits im Kurzzeitgedächtnis, das eine Haltezeit von durchschnittlich 10-30 Minuten hat. Wird in dieser Zeitspanne die neue Information nicht rezipiert, wiederholt und in einem umlaufenden Echo gesichert, kann sie nicht in das Langzeitgedächtnis, das eine unbegrenzte Haltezeit hat, überführt werden.

Allgemein lässt sich die Informationsspeicherung in zwei Phasen aufgliedern:
Die Übungsphase zum Einprägen neuer Informationen und die Gedächtnisphase zur dauerhaften Absicherung dieser neuen Informationen.

Der Abruf des gespeicherten Wissens erfolgt in der konkreten Praxissituation. Hier geschieht die Überprüfung des erworbenen Wissens auf Sinn, Wert und Relevanz bei Ausführung, Anwendung und Übertragung. Je nachdem, wie diese Übertragung ausfällt, wird der Mensch sein erworbenes Wissen als wichtig oder unwichtig einstufen und dann entsprechend damit weiter umgehen.

Jeder Mensch kann seine Erfahrungen immer nur entsprechend dieser Strukturen hervorbringen, dadurch neue Teilstrukturen ausdifferenzieren und diese transformieren. Wenn der Mensch lernt, vollzieht er also zum einen Prozesse der Konstruktion, indem er sich selbständig und selbsttätig neue Informationen aneignet, und zum anderen Prozesse der

Rekonstruktion, wenn er in sich die Bedeutungen aus Informationen rekapituliert, die andere diesen Information wie z.B. Texten beigeben hatten.

Wissen wird erlernt und das managen kann nur über Lernprozesse beim Menschen gelingen. Deshalb müssen alle Initiativen dazu die Besonderheiten des menschlichen Lernens beachten. Eine Forscher-Gruppe an der Universität München hat unter der konzeptionellen Führung von H. Mandl und G. Reinmann-Rothmeier seit einigen Jahren ein Modell von Wissensmanagement erarbeitet, das pädagogisch-psychologisch fundiert ist und erfolgreiche betriebswirtschaftliche Ansätze integriert. Es ist mittlerweile unter dem Namen „Das Münchener Modell des Wissensmanagements" national und international bekannt geworden. Die Mitglieder der Münchener Forschergruppe verstehen "Wissensmanagement als einen wirksamen Ansatz zur Realisierung lernender Organisation, zur Förderung wissensfreundlicher Kulturen und zur Unterstützung lebenslanger Lernprozesse" (Freimuth 1997, S. 270.).

Wissen managen heißt für sie, mit der Ressource Wissen bewusst und systematisch umzugehen und Wissen zielgerichtet in der Situation einzusetzen. Mensch (Individuum), Organisation und Technik werden deshalb als die „zentralen Standbeine des Wissensmanagement" bezeichnet. Dass Wissensmanagement heute ein wichtiges Thema geworden ist, hängt mit der gesamtgesellschaftlichen Entwicklung zur Wissensgesellschaft zusammen, in der Wissen nicht nur Ressource und Zentralaspekt der Gesellschaft, sondern auch aller anderen gesellschaftlichen Bereiche geworden ist.

3.1. Erwachsenenbildung im Wissensmanagement

Das Wissensmanagement in der Erwachsenenbildung weist die bekannten Faktoren Mensch, Organisation und Technik auf, die unter den Aspekten Planung, Entscheidung, Umsetzung und Kontrolle betrachtet werden können. Der Fokus der Betrachtung liegt dabei auf dem Persönlichkeitswissen des Menschen.

Diesen Zusammenhang dem Einzelnen bewusst werden zu lassen, ihn sein Wissen über sein Selbst und seine Persönlichkeit erfahrbar und veränderbar werden zu lassen, ist ohne Frage ein wichtiger Teilbereich des Wissensmanagements. Beim Faktor Mensch geht es sowohl um das Informations- als auch um das Handlungswissen im Bezug auf das eigene Selbst. Vor dem Hintergrund eines humanistisch geprägten Bildes vom Menschen erfährt der Mensch zum einen sich in Beziehung zu sich selbst, zu dem „Selbst" anderer Menschen und zu

Herausforderungen aus der Lebensumwelt, die ihm zusammen mit den Anderen zur Bewältigung aufgetragen sind, zu betrachten. Bezogen auf sein Handlungsrepertoire und auf seine Wirkung auf Andere in beruflichen Aufgabenfeldern kann Wissensmanagement ihm helfen, vorhandene, bisher nicht erkannte Potenziale der eigenen Persönlichkeit zu entdecken und auszuschöpfen. Auch hier entwickelt sich der Mensch weiter und kommt zu neuen Einsichten und Verhaltensweisen. Der Faktor Organisation spielt bei dieser Form des Wissensmanagements eine große Rolle. Er beinhaltet gesellschaftliches Wissen, das in die Struktur Eingang gefunden hat. Das System der Erwachsenenbildung, seine Organisationsformen und Kulturen sowie seine Didaktik zeigen das deutlich.

4. Konzepte des Wissensmanagements

Wissen ist keine neue Größe im Zusammenhang mit erfolgreicher Unternehmensführung. So hatten beispielsweise die Berater im alten Griechenland eine Sonderstellung innerhalb der Gesellschaft. Wissen war daher zu jeder Zeit ein kostbares Gut. Gemessen an dieser Bedeutung ist es umso erstaunlicher, dass dem Management der Unternehmensressource Wissen kaum Beachtung geschenkt wurde. In letzter Zeit kann im Zuge der organisationalen Lerntheorie ein Aufschwung auf dem Gebiet des Wissensmanagements beobachtet wurden.

Einem angloamerikanischen Ansatz von Nonaka fällt hier insbesondere die intensive Veröffentlichungstätigkeit ein, weshalb an diese Stelle kurz auf seinen Ansatz eingegangen werden soll (vgl. Güldenberg, 1999, S. 232).

Er führt in seinem Ansatz den Erfolg der japanischen Unternehmen im internationalen Wettbewerb auf ihre Fähigkeit zurück, mit Wissen richtig umzugehen. Er beschreibt in seinem Modell die Spirale des Wissens. Dabei geht er davon aus, dass immer nur der Mensch als Individuum in der Lage ist, neues Wissen zu generieren.

Er sieht die Aufgabe des Wissensmanagement darin, dieses personengebundene Wissen auch anderen im Unternehmen zugänglich zu machen. Dabei unterscheidet er in Anlehnung an Palanyi zwischen explizitem und implizitem Wissen. Zunächst eignet sich ein Individuum implizites Wissen an (Sozialisation). Der zweite Schritt besteht darin, das eigene, zumeist implizite Wissen in explizites und damit kommunizierbares umzuwandeln (Kombination). Am Ende wird dieses Wissen von Dritten typisiert und normiert. Zum Abschluss führen die Erfahrungen bei den Anwendungen dieses Wissens zu einer Vertiefung der implizierten Wissensbasis. Der qualitative Maßstab, nach denen sich der Wert neuen Wissens bemisst, kann vom Management vorgegeben werden, um damit der Sozialisation und Kombination eine Richtung zu geben.

Eine weitere Aufgabe des Wissensmanagement ist es, den Boden für sich selbst organisierende Gruppe zu bereiten und die Hindernisse, die auf dem Weg stehen, zu beseitigen.

Schließlich soll einen weiteren Ansatz zum Thema Wissensmanagement von Albrecht vorgestellt werden.

„Ziel des Wissensmanagements ist es, das im Unternehmen vorhandene Potential Wissen derart aufeinander abzustimmen, dass ein integriertes unternehmensweites Wissenssystem entsteht, welches eine effizierte gesamtunternehmerische Wissensverarbeitung im Sinne der Unternehmensziele gewährleistet. Dazu bedarf es vor allem der Gestaltung des gesamten Wissens des Unternehmens unter gleichberechtigtem Einsatz natürlicher wie künstlicher Ressourcen zur Wissensverwaltung und- Verarbeitung" (vgl. Güldenberg, 1999, S. 235).

So ist es deutlich, dass Wissensmanagement keine Tätigkeit ist, die an Experten, Stäbe oder Ableitungen delegiert werden kann. Beim Ansatz von Albrecht ist es auch auffällig, dass er zwar das Wissensmanagement recht umfassend behandelt, allerdings jegliche Verbindung zwischen Wissensmanagement und organisationaler Lerntheorie vermeidet. So widmet er lediglich am Schluss seiner Arbeit ein kleines Kapitel der organisationalen Lerntheorie, indem er das organisationale Lernen ausschließlich im Verwaltungsbereich des strategischen Human Ressource Management sieht.

Darüber hinaus wurde in einem anderen Ansatz von Willke zum Wissensmanagement die Eigenständigkeit von individuellem und organisationalem Wissen betont, in dem er sagt, „dass Intelligente Personen in dummen Organisationen operieren können, und umgekehrt" und „kein Individuum verfügt aber heute über das erforderliche Wissen, um einen modernen Computer, ein Auto oder ein Flugzeug zu bauen. Organisationen aber können das. Und präzise in diesem Sinne sind heute komplexe Organisationen intelligenter als jeder Mensch" (vgl. Güldenberg, 1999. S. 237).

Die Grundidee des organisationalen Wissens besteht darin, dass es zum größten Teil zwischen den einzelnen Individuen und damit personenunabhängig ist. Die Organisation kann nicht als Ganzes neues Wissen unabhängig von der Person oder vom einzelnen Organisationsmitglied, generieren. Deswegen muss organisationales Wissen durch individuelles Wissen entstehen. Durch vorhandenes individuelles Wissen entsteht neues organisationales Wissen. Es ist dabei irrelevant, wie lange dieses Wissen bereits vorhanden ist. Die leichteste, aber am häufigsten unterschätzte Art und Weise, neues organisationales Wissen zu generieren, ist die Nutzung vorhandener interner Wissenspotentiale.

Die Aufgabe des Wissensmanagement ist es, innerhalb der Funktion der Wissensgenerierung der Organisation als Ganzes bisher nicht zugängliches, individuelles und kollektives Wissen zuzuführen. Durch die organisationale Wissensbasis kann nur neues Wissen generiert werden, wenn sich die anderen Organisationsmitglieder durch Kommunikationsprozesse artikulieren. Innerhalb der Organisation gibt es für diesen Prozess zahlreichen Barrieren:

- Begrenzte kognitive Fähigkeiten des Menschen, die Bedeutung seiner Wissensbestände für die Organisation zu erkennen
- Begrenzte kommunikative Möglichkeiten, sein Wissen anderen verständlich zu machen
- Negative Erfahrungen in der Vergangenheit, das eine schmerzvermeidende Verhalten zu fördern, das sich in einer verminderten Bereitschaft zur Wissensweitergabe niederschlägt
- Angst, sich durch die Wissensweitergabe für das Unternehmen überflüssig zu machen
- Macht, die über selektive und verzerrte Wissensweitergabe gestärkt werden kann

Daher hat das Wissensmanagement in erster Linie die Aufgabe, diese in jeder Organisation vorhandenen und daher systemimmanenten Barrieren wahrzunehmen und im nächsten Schritt zu reduzieren.

5. Technik- und medienbezogenes Wissensmanagement:

Der technische Aspekt des Wissensmanagements betrifft die Informations- und Kommunikations-Infrastrukturen, mit deren Hilfe wissensbasierte Organisationen, Wissensarbeiter (Knowledge Workers), einzelne Mitarbeiter in allen Funktionsbereichen und Teams (Praxisgemeinschaften) Verfügung über Daten und Informationen bekommen.

Beim technischen Wissensmanagement richtet sich der Blick vorrangig auf die neuen Informations- und Kommunikationstechnologien (IuK), für die am Anfang Multimedia und Internet als Schlüssel standen. Das hat Folgen für das Wissensmanagement. Denn mit den neuen IuK-Techniken sind die Möglichkeiten, Wissen zu verbreiten unbegrenzt. Die Produktion von Wissen wird dadurch nicht nur schneller sondern auch unermesslich umfangreich. Man kann durchaus von einer Wissensflut und von unübersehbaren

Informationsmengen sprechen. Nötig ist die Entwicklung einer Nutzungskultur, die einen zielorientierten Umgang mit den durch die Technik so schnell ausgeweiteten Informationsmöglichkeiten sicherstellt.

Denn für den Aufbau und die Nutzung von Wissen enthält die neue Technik auch großes innovatives Potenzial in den Bereichen, Instruktion und Lernprozess- Organisation.

„Die neuen Medien haben das Potential, Lehr- und Lerninhalte multimedial, verlinkt und interaktiv darzustellen und damit verschiedene Formen der Wissensaneignung nahe zu legen, die sich von Lernen mit linearen Texten erheblich unterschieden" (Freimuth, 1997.S. 298 f.)).

Die Vorteile solcher Wissensaneignung durch Lernstoffe als CD- ROM oder durch die Online-Kurse, Internet-Informationen sind für die Lernenden beispielsweise folgende:

- Lerner können sich ohne Lehrer neues Wissen aneignen.
- Sie können den Ort, die Zeit und die Dauer ihres Lernens selbst bestimmen.
- Lerner sind nicht von den Bildungsangeboten der traditionellen Institution der Erwachsenenbildung oder der Schule allein abhängig.
- Lerner können allein virtuell oder auch in Kombination mit Präsenzphasen lernen.
- Lerner haben einen verbesserten Zugriff auf Informationen.

Im Bereich der Technologie sind im Wesentlichen leistungsfähigere Übertragungs- und Speichertechnologien für den Bedeutungsanstieg von Wissen verantwortlich. Wissen kann weltweit in kürzester Zeit verteilt und einer Verarbeitung zugeführt werden. Außerdem sind materielle Gründer und auch Menschen schneller als noch vor dreißig Jahren von einem Ort zum anderen zu transportieren.

Zwischen technologischen und gesellschaftlichen Veränderungen gibt es ein enges wechselseitiges Verhältnis. Die Entwicklung in einem Bereich führt häufig zu Veränderungen im anderen. Im Ergebnis dieser Entwicklungen ist eine neue Situation auf der Wissensebene entstanden, welche häufig mit dem Übergang in die Wissensgesellschaft bezeichnet wird und u.a. durch die folgenden Merkmale gekennzeichnet ist (vgl. Heckert, 2002, S. 38 f.):

• Verkürzte Halbwertszeit von Wissen: Wissen veraltet immer schneller und Innovationszyklen werden immer kürzer. Deswegen muss es sowohl schneller entwickelt als auch schneller angewendet werden.

• Größere Wissensmenge: Umfang und Detailgrad von Wissen haben stark zugenommen. Dies erfordert z. B. neue Mechanismen des Speichers, Filterns und Verarbeitens von Wissen.

- Erhöhter Wissensanteil an Wertschöpfung: Schätzungen gehen davon aus, dass Wissen mittlerweile im Durchschnitt einen Teil von ca. zwei Drittel an der gesamten Wertschöpfung ausmacht. Daher muss man Wege finden, wie Wissen besser in Produkte und Dienstleistungen integriert wird.

Die durchgeführten Betrachtungen deuten darauf hin, dass die Ressource Wissen aufgrund der dargestellten Entwicklungen eine erhöhte Bedeutung für Unternehmen besitzt.

„Nicht geringeres als eine Revolution" registriert denn auch die Unternehmensberatung Watson Watt im Bereich des Personalmanagements. Die Verantwortlichen des Human Resources Bereichs in großen, internationalen Unternehmen, fasst Wattson Watt die Ergebnisse zahlreicher Interviews, Fallstudien und Analysen zusammen, stellen gewohnte Strukturen in Frage: Sie prüfen ihren Auftrag, ihre Rolle und ihren Beitrag zum Unternehmenserfolg – Ihre Existenzberechtigung. Diesem Urteil liegen zahlreicher Gespräche mit Managern und Beschäftigten in Unternehmen wie Alcan, BP, Goodyear oder Hewlett Packard zugrunde. Die Gespräche haben immer wieder auf die Frage nach den Ursachen des Wandels im Personalmanagement und den Faktoren für dessen Erfolg reichliche Bewältigung gebracht. Herausgekommen ist, so die renommierte Unternehmensberatung ohne das sonst übliche Understatement, „eine Blaupause für ein strategisches Reengineering" des Personalmanagements an der Schwelle zum 21. Jahrhundert. (vgl. Freimuth, 1997. S. 297.)

Wichtiger als die DV-technische Unterstützung sind für das Gelingen des Experimentes Coaching und Beratung der Mitarbeiter und Teams. In gewisser Weise stellt ein freier Unternehmensberater, der Fachabteilungen und Teams bei ihrer dezentralen Personalarbeit unterstützt, einen neuen Typ von Personalmanager dar. Auf Wunsch klärt der Unternehmensberater rechtliche Fragen von Arbeitsverhältnissen, macht bei Arbeitskonflikten, moderiert bei Konflikten in Teams oder leistet Weiterbildungsberatung.

Erfolge seiner bisherigen Arbeit führt der Unternehmensberater auf seine unabhängige, nicht weisungsgebundene Rolle zurück, die es ihm erlaube, alle Gesprächspartner als Klienten zu begreifen und auf Wunsch absolute Vertraulichkeit zu garantieren. Es wurde eine Studie über „Best Practices im Personalmanagement" von Düsseldorfer Niederlassung der internationalen Unternehmensberatung Wattson Watt auch deutsche Personalmanager nach dem Einsatz von Softwaresystemen und ihre Erwartungen an softwaretechnische Lösungen gefragt. Die Studie lässt einen erheblichen Veränderungsdruck im Personalmanagement erkennen, denn von den 64 befragten Unternehmen halten lediglich zwei Drittel ihre Arbeit für „wettbewerbsfähig und modern" und nur die Hälfte erkennt eine günstige „Kosten-Nutzen-Relation" in ihrer Arbeit. Handlungsbedarf nimmt ein Viertel der Personalmanager aus mittleren und großen

Unternehmen bei Mitarbeiterbefragungen, Maßnahmen zur Teamentwicklung und Kinderbetreuung und bei der Einführung von Personalinformationssystem an.

Einen ungewöhnlichen Erfolg können die Weiterbildner der Robert Bosch GmbH seit zwei Jahren vorweisen. Die Robert Bosch hat eine eigene Software entwickelt, um Mitarbeiter aktuell mit einem elektronischen Katalog, der sogenannten „gelbe Diskette", über Weiterbildungsangebote und Medien (Seminare, computergestützte Lernsoftware und Video-Lernprogramme) informieren zu können. Mit diesem Programm können Mitarbeiter zu jeder Veranstaltung die Inhalte, Ziele, Teilnehmer und Voraussetzungen abrufen und sich über Termine, Preise und Orte informieren. Die Daten der sogenannten „gelbe Diskette" sind inzwischen auch im Bosch-internen Netzwerk, dem Intranet, abrufbar. Wenn man die Schwäche der Lernmedien, wie die Lernangebote von interaktiven Medien, denen es oft an Tiefe, Ausführlichkeit und Reichhaltigkeit fehlt, nicht achtet, beweisen Weiterbilder in der Praxis, dass Multimediale Software neue Lernchancen eröffnen kann.

Die Volkswagen AG in Wolfsburg bestreitet inzwischen rund zehn Prozent ihrer Weiterbildung mit Hilfe interaktiver Medien, wobei die Selbstlernmedien nur zur Hälfte traditionelle Seminare ersetzt haben, zur anderen Hälfte einen zusätzlichen Weiterbildungsbedarf befriedigen. Ein ermutigendes Beispiel für kleine Unternehmen liefern die 33 Autobahnraststätten, die sich in der Kooperation der deutschen Autobahn-Service-Stationen e. V. zusammengeschlossen haben und über ihre Mitgliedsbeiträge die Produktion einer Lernsoftware finanzierten. (vgl. Freimuth 1997 S.302)

Ein weiteres bedeutendes Beispiel stellt das amerikanische Technologieunternehmen W. L. Gore & Associates Inc. dar. Die Firma wurde im Jahre 1958 gegründet und ist heute ein weltweiter Konzern mit über 5000 Mitarbeitern, die in 30 Produktionsstätten arbeiten.

Lernprojekte spielen beim Management von Wissen und Veränderung bei Gore eine wesentliche Rolle. Wenn ein Mitarbeiter eine gute Idee hat und glaubt, dass er seine Kollegen dafür begeistern kann, macht er aus dieser Idee ein Lernprojekt. Für dieses Lernprojekt ist keine Erlaubnis von den Vorausgesetzen erforderlich, denn das Lernteam entscheidet, ob das neue Wissen für das Unternehmen nützlich sein kann, wobei die Waterline als symbolische Regulative dient. Die Waterine besteht aus vier Grundprinzipien, die Freedom, Waterline, Fairness, Commitment benannt sind, und markiert die symbolische Grenze der Freiheit. Freiheit bedeutet bei Gore, seine persönlichen Fähigkeiten und die organisationale Wissensbasis zu entwickeln sowie die anderen Mitarbeiter dazu in einem gegenseitigen Prozess zu definieren. Jeder Mitarbeiter kann 30% für sich selbst verplanen, zur eigenen persönlichen Weiterentwicklung bzw. für Lernprojekte, an denen er gerne teilnehmen möchte. (vgl. Güldenberg, 1998. S. 256)

Die Fairness Prinzip ist sowohl auf Kollegen als auch auf Kunden anzuwenden und bezieht sich in Zusammenhang mit den Lernprojekten insbesondere auf den gegenseitigen fairen Umgang mit den Ideen anderer und der Bereitschaft zu einer dialogischen Kommunikation. Während des Projekts sind auch Fehler gewünscht und werden toleriert.

Nach dem vierten Commitment Prinzip besagt, dass Probleme und Aufgaben von dem, der sie sieht, auch gelöst werden sollen. Darüber hinaus darf sich ein Mitarbeiter nicht aus Image-, Macht- oder Karrieregründen an mehr Lernprojekten beteiligen oder mehr initiieren, als er schaffen kann. Kein Mitarbeiter soll einem anderen Mitarbeiter ein „Commitmet" per Zwang auferlegen.

6. Schlussfolgerung

Die Ressource Wissen hat in den letzten Jahren zunehmend an Bedeutung gewonnen. Vor allem ist es für Unternehmer wichtig geworden. Ein gezieltes Management von Wissen erscheint für einen guten Erfolg von Unternehmen unerlässlich. Man soll nicht Unternehmen als Maschinen sehen, in denen die Arbeit nach festgelegten Vorschriften aufgeteilt und geschafft werden kann, sondern als wissensbasierte Systeme, die Wissen bevorzugen, integrieren und Lernprozesse fördern. Es ist nicht fern, dass das neue Unternehmensverständnis Wissen in das Zentrum aller Überlegungen stellt. Das bedeutet gleichzeitig, den Menschen in der Organisation, für die Organisation und als Mittelpunkt der Organisation zu sehen. Es gilt festzustellen, mit welchen Inhalten, Methoden und Formen der Bedarf an Informationen, Wissen und beruflichen Kompetenzen im Unternehmen zu decken ist.

Mann kann aber dabei festste len, dass das Wissensmanagement noch in seinen Anfängen steckt und mit Defiziten bedeckt ist.

Durch die Analyse von vielfältigen existierender Konzepte und Ansätze hat man festgestellt, dass insbesondere hinsichtlich der Rolle und der Einsatzmöglichkeiten der Informations- und Kommunikationstechnologie noch wesentliche Lücken in Forschung und Unternehmenspraxis bestehen. Wenn wir nicht alle Schwächen, die viele Medien nach wie vor aufweisen, ungeachtet nehmen, beweisen Weiterbildner in der Praxis, dass multimediale Lernsoftware völlig neue Lernchancen eröffnen kann. Zum Abschluss ist es sicher, dass die Ressource Wissen einen wesentlichen und gleichzeitig limitierenden Faktor beim Erreichen der Unternehmens und Prozessziele in der verarbeitenden Industrie darzustellen scheint.

7. Literaturverzeichnisse:

1. Amelingmeyer, Jenny. (2000). Wissensmanagement. Analyse und Gestaltung der Wissensbasis von Unternehmen. Wiesbaden: Gabler Verlag.
2. Fredrich, Boris. (2003). Wissensmanagement und Weiterbildungsmanagement. Gestaltungs- und Kombinationsansätze im Rahmen einer lernenden Organisation. In J. Biethahn, & M. Schumann. (Hrsg.), Göttinger Wirtschaftsinformatik. Göttingen: Cuvillier Verlag.
3. Freimuth, J. & Haritz, J. (1997). Personalentwicklung auf dem Wege zu Wissensmanagement. In Freimuth (Hrsg.), Auf dem Wege zu Wissensmanagement. Personalentwicklung in lernenden Organisationen. Göttingen: Verlag für angewandte Psychologie.
4. Gairing, Fritz. (2002). Organisationsentwicklung als Lernprozess von Menschen und Systemen. Zur Rekonstruktion eines Forschungs- und Beratungsansatzes und seiner metadidaktischen Relevanz. In E. König (Hrsg.), System und Organisation. Band 6. Weinheim und Basel: Bletz Verlag:
5. Heckert, Uwe. (2002): Informations- und Kommunikationstechnologie beim Wissensmanagement. Gestaltungsmodell für die industrielle Produktentwicklung. Wiesbaden: Dt. Univ. Verlag.
6. Wiater, Werner. (2007). Wissensmanagement. Eine Einführung für Pädagogen. Wiesbaden: VS Verlag für Sozialwissenschaften.

BEI GRIN MACHT SICH IHR WISSEN BEZAHLT

- Wir veröffentlichen Ihre Hausarbeit, Bachelor- und Masterarbeit

- Ihr eigenes eBook und Buch - weltweit in allen wichtigen Shops

- Verdienen Sie an jedem Verkauf

Jetzt bei www.GRIN.com hochladen und kostenlos publizieren